AF288203

Herzlich willkommen im Kölner Dom!

Mit diesem Heft, das ihr nun in euren Händen haltet, möchte ich euch helfen, den Kölner Dom und den Domschatz kennen zu lernen. Ein Bild der Grundfläche des Domes, auch Grundriss genannt, zeigt euch die Möglichkeit eines Rundganges, auf dem ihr vieles sehen, beobachten, entdecken und lernen könnt. Diesen Grundriss findet ihr in der Umschlagklappe hinten in diesem Buch.
Ein Rätsel steht auf der letzten Seite. Sicher gelingt es euch nach dem Dombesuch, die Fragen zu beantworten. Habt ihr das Lösungswort herausgefunden, könnt ihr euch eine besondere Postkarte im Domladen abholen. Ihr bekommt dann außerdem einen Stempel in euer Dombuch hinein!
Wenn ich nun im folgenden Text das »du« und nicht das »ihr« verwende, so bringe ich damit zum Ausdruck, dass ich jeden von euch bei dieser Führung ganz persönlich ansprechen möchte.

Ich wünsche euch nun sehr viel Freude!
Martina Langel

Wir wollen uns den großen Dom genau anschauen. Dazu betrachten wir zuerst seinen Grundriss. Öffne dazu die hintere Umschlagklappe. Uns fällt auf, dass die Grundfläche die Form eines Kreuzes hat. Die kleinen grünen Punkte auf dem Plan kennzeichnen die Standorte der Pfeiler. Die blauen Zahlen geben den Weg unseres Rundganges an. Im folgenden Text sind die wichtigsten Erklärungen den Zahlen zugeordnet. Findest du nun eine solche Zahl, so suchst du dir im Grundriss deinen jeweiligen Standort.

Die schräg gedruckten Texte in blauer Farbe kannst du zunächst überspringen. Kommst du dann noch einmal wieder oder hast du viel Zeit, so freuen sich auch diese Orte, wenn sie von dir besucht und dort die weiteren Texte gelesen werden.

Jetzt beginnt dein Gang
durch die große Kirche.

[1] Du stehst vor der letzten Kirchenbank und schaust in den Dom hinein. Was fällt dir auf?
Der Kirchenraum ist lang und sehr hoch. Die gewölbte Decke wird von vielen Säulen getragen. Große farbige Fenster lassen das Sonnenlicht bunt herein. In der Ferne kannst du ganz klein den goldenen Dreikönigenschrein sehen. Wenn du jetzt an den Sitzbänken vorbei langsam nach vorne gehst (Richtung Osten), kommst du an unseren zweiten Standort. Du kannst dich hier in eine Bank setzen und etwas über die Entstehung des Domes lesen.

[2] Über dir siehst du in der Höhe an der Nordseite eine Orgel hängen. Von ihren fast 4000 Pfeifen kannst du nur wenige sehen. Fast so wie Schwalben ihre Nester an die Hauswände kleben, ist die große Orgel aufgehangen; man nennt sie deshalb auch »Schwalbennest-Orgel« (1998). Eine zweite Orgel findest du bei deinem Rundgang auf einer Empore im nördlichen Querhaus. Diese Orgel ist gleich nach dem Zweiten Weltkrieg neu gebaut worden (1948/56).

Der Bau dieses Gotteshauses hat sehr lange gedauert. Im Jahre 1248 wurde der erste Stein gesetzt, man nennt ihn den Grundstein. Dieses Datum kannst du dir leicht merken, indem du jede Zahl doppelt nimmst. Bei der 1 beginnend, sieht das dann so aus: 1 + 1 = 2, 2 + 2 = 4, 4 + 4 = 8. Stellst du die Endziffern hintereinander – 1248 –, so weißt du immer, wann der Dombau in Köln begonnen wurde. Da werden deine Eltern staunen!

Rheinaufwärts, im Siebengebirge, wurden große Steinblöcke aus dem Fels gebrochen und auf Schiffen zur Baustelle transportiert. Auch aus der Eifel schaffte man Steine nach Köln. Steinmetzen bearbeiteten mit Meißel und Holzhammer (Knüpfel)

1
1+1=2
2+2=4
4+4=8

Im Jahr **1248** wurde der erste Stein gesetzt. So ganz leicht zu merken!

die Blöcke. Maurer fügten sie mit Mörtel, Eisenstäben und Blei zusammen. War eine Mauer auf eine gewisse Höhe angewachsen, konnte man sie nicht mehr vom Boden aus weiterbauen. Man sägte Bretter und baute Gerüste. So konnte der Bau dann in große Höhen weitergeführt werden. Im Winter, wenn es gefroren hatte und alles verschneit war, konnte man nicht mehr auf den Gerüsten stehen. In den kleinen Bauhütten, die auf der Baustelle standen, arbeiteten die Handwerker dann am wärmenden Feuer. Es wurden wieder Steinblöcke behauen, so dass Figuren und zierliche Türmchen entstanden. In anderen Hütten wurde Glas geblasen und gegossen, man bereitete schon die bunten Glasfenster vor. Bevor jedoch diese Fenster eingesetzt werden konnten, musste das Dach fertiggestellt sein. Die Verantwortung für die Baustelle und die Planung des gesamten Bauwerks lagen zu Beginn in den Händen des Steinmetzen und Baumeisters Gerhard. Er hatte auf anderen Baustellen sehr genau gelernt, worauf es ankommt. Sicher war er damals in Frankreich, in den Städten Paris und Amiens gewesen. Hier stehen heute noch die großartigen Dome, die damals gebaut worden sind.

Die gegenüberliegende vereinfachte Zeichnung soll dir verdeutlichen, welche Teile des Domes zuerst und welche erst viele Jahre später gebaut wurden. Gezeigt wird die Baustelle hier ungefähr 190 Jahre nach dem Baubeginn. Sehr deutlich kannst du im Osten schon einen fertigen Teil erkennen. Dieser Bauteil wird Chor genannt und ist für

das Gebet der Priester und den Weg der Pilger bestimmt. Auf dem Grundriss ist dies der dunklere Teil.

Nun hatten die Menschen damals natürlich den Wunsch, so schnell wie eben möglich den Dom zur Feier der heiligen Messe zu nutzen. Also wurde dieser fertige Kirchenteil mit einer sehr hohen Mauer gegenüber der Baustelle abgeschlossen. Als der Dom später fertig war, hat man diese Mauer auch wieder entfernt (das war im Jahre 1863). Kannst du dir vorstellen, wo sie gestanden hat? Diese Abschlusswand war zwischen den Pfeilern, an denen heute der Bischofsstuhl (links) und die Kanzel (rechts) stehen. Betrachtest du nun den südwestlichen Teil am rechten Bildrand etwas genauer, so findest du dort auch einige begonnene Teile. Sie bilden heute das Untergeschoss des riesigen Südturmes, den man besteigen kann. Ein Gemälde (Seite 13) zeigt noch den alten Baukran. Wichtig ist zu erken-

nen, dass die Baumeister und Werkleute von Anfang an genau festgelegt hatten, wie groß die Kirche werden sollte. Zunächst wurden auf der Baustelle große Fundamentmauern in die Erde hineingebaut, die das Gebäude tragen. Schon zu diesem Zeitpunkt musste man wissen, wie lang, hoch und schwer der Bau werden würde.

Zwanzig Jahre nach der Grundsteinlegung waren im Osten des Domes die kleinen im Halbkreis angeordneten Kapellen, der sogenannte Chorkapellenkranz, fertig, nach weiteren 50 Jahren konnte man sogar das Gewölbe schließen und den Chor einweihen (1322). Wenn du bedenkst, dass die Menschen damals nicht so alt wie heute wurden, ist klar, dass sich bei der Chorweihe niemand mehr an den Baubeginn erinnern konnte.

Man baute dann an der Südseite und dem Südturm weiter. Leider ging der Neubau immer langsamer weiter. Um 1520/30 stellte man alle Bauarbeiten ein. Es gab viele Gründe dafür, dass ein Weiterbau nicht mehr möglich war. Es fehlte das Geld, es gab Kriege, und die Bauform des Domes, der gotische Stil, war Jahrhunderte nach dem Baubeginn unmodern geworden. Dennoch blieb die Idee, der Dom könne einmal fertig werden, erhalten. Und tatsächlich entstand nach einigen Jahrhunderten eine neue Bauhütte (1823) und man begann mit Reparaturarbeiten. Man gründete den heute noch bestehenden Dombauverein und sogar eine Dombaulotterie, um Gelder zu sammeln. Auch der Staat gab einen Beitrag, Bürger und Könige aus Preußen und Bayern beteiligten sich. Am Bau der Türme waren zuletzt 550 Mitarbeiter der Bauhütte beteiligt. 1880 konnte man den letzten Stein auf der Südturmspitze einfügen. 632 Jahre nach dem Baubeginn war der Dom fertig.

Du kannst jetzt weitergehen zum dritten Standort neben der Drehtür auf der Nordseite des Domes (links).

[3] Schaust du hier hinauf, so kannst du ein besonderes Fenster sehen. Die vielen Bilder zeigen Kinder aus der Bibel und im täglichen Leben. Glaubst du, dass es im Dom auch ein Auto gibt? Ja! Betrachte in der fünften Fensterreihe das rechte Fenster außen. Da kannst du staunen: Ein Schutzengel rettet ein Kind mit Schulranzen vor dem Auto. Nach dem Zweiten Weltkrieg haben Kölner Kinder in den Jahren 1948–1965 Geld gesammelt, um dem Dom dieses Fenster schenken zu können. Der Glaskünstler Bernhard Kloss hat es entworfen.

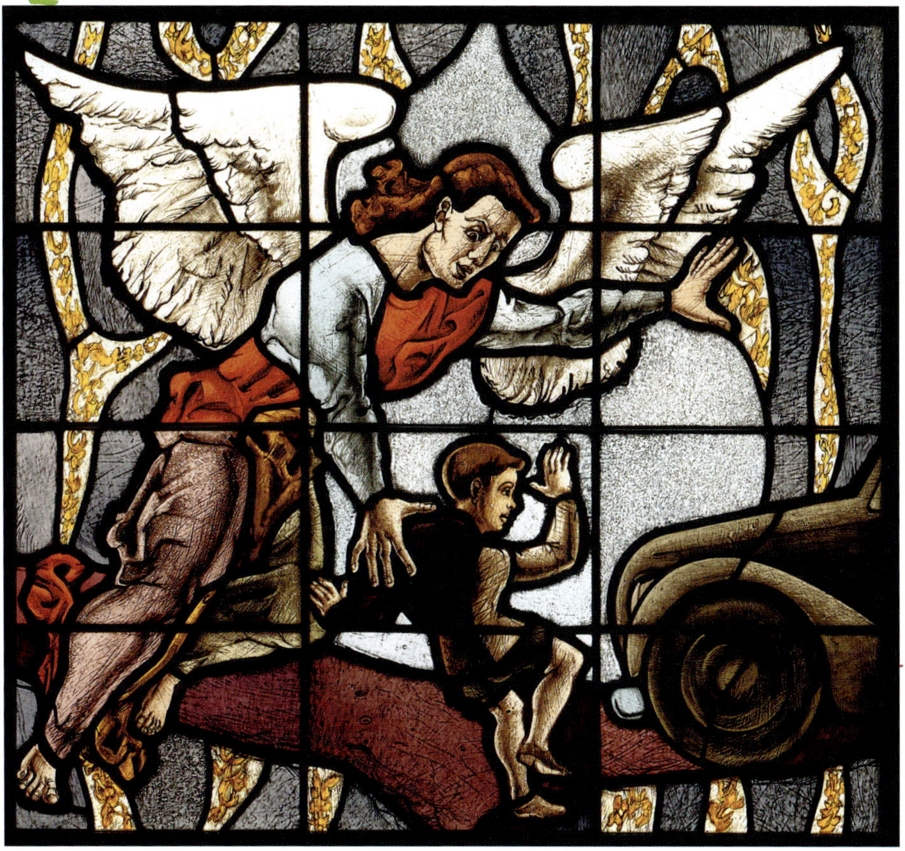

[4] Hinter vielen kleinen Kerzen siehst du ein Bild von Maria mit ihrem Sohn Jesus. Zahlreiche kostbare Ketten und Ringe schmücken Maria, und viele Blumen stehen davor. Es ist die sogenannte Gnadenmadonna, das heißt: Viele Menschen beten hier zu Maria und bitten sie um Hilfe in ihrem Leben. Aus Dankbarkeit bringen sie dann Schmuck, Blumen und Kerzen hierher.

[5] Die vielen Stufen führen hinunter in eine kleine Kirche, die sich im Keller des Domes befindet. Einen solchen unterirdischen Kirchenraum nennt man Krypta. An der Wand kannst du viele Namen lesen. Es sind die Namen der Kölner Erzbischöfe und Kardinäle, die hier unten begraben wurden.

Es gibt seit 1998 hier in der Krypta noch einen besonderen Stein in der Wand vorne links: Ein Stein aus den Trümmern der berühmten Frauenkirche in Dresden. So wie in Köln Kinder für ein neues Domfenster gesammelt haben, so haben in den letzten Jahren weltweit Menschen Geld für den Wiederaufbau der im Zweiten Weltkrieg völlig zerstörten Frauenkirche gesammelt. Die Steine dieser Kirche haben als Trümmerberg Jahrzehnte mitten in Dresden gelegen. Mit vielen Spenden konnte dieser wunderbare Bau wiederaufgebaut werden und ist jetzt in Europa zu einem bedeutenden Zeichen der Versöhnung und des Friedens geworden. Als Dank für viele Spenden wurde dieser Stein dem Kölner Dom geschenkt. Im Jahre 2005 wurde ein in der Kölner Dombauhütte gefertigter Stein in der Kuppel der Frauenkirche eingemauert. Dies sind besondere Zeichen der Verbundenheit!

Wenn du dich weiter umschaust, wirst du alte Mauerreste sehen und vielleicht vermuten, dass diese Krypta älter ist als der Dom. In anderen Kirchen hast du damit sicherlich recht, doch es gibt Ausnahmen: Die Krypta unter dem Kölner Dom wurde erst 1960 gebaut und 1978 geweiht.

Fragend stehst du nun vor der verschlossenen Gittertür hinter den Bänken, dort, wo heute noch Fachleute durch Grabungen die Geschichte unseres Domes zu ergründen suchen. Um dir das zu erklären, muss ich dir aus der Zeit berichten, als der Dom noch nicht gebaut war (vor mehr als 750 Jahren). Setz dich in eine Bank und lass dir erzählen: Normalerweise beginnt man den Bau einer so großen Kirche nicht an

einem einsamen Platz irgendwo auf dem Land. Man baut einen Dom in einer Stadt, wo viele Menschen leben und auch schon andere, ältere Kirchen stehen.

Köln entstand lange vor dem Dombau, im Jahre 50 nach Christi Geburt. Die Römer waren damals von Rom aus in alle Welt gezogen. Sie eroberten viele Gebiete und gründeten dort Städte, die zunächst mit einer steinernen Mauer umgeben wurden. So war es auch in Köln. Sie bauten Straßen und Tempel, ein Forum und Wohnhäuser. Dort, wo heute der Dom steht, bauten sie Häuser und Straßen. Die ersten Christen, die dann in Köln lebten, trafen sich in einem Wohnhaus. Der erste Vorsteher der kleinen Kölner Christengemeinde, dessen Namen wir kennen, war Bischof Maternus. Das Wohnhaus, das dieser Gemeinde als Treffpunkt diente, stand möglicherweise im Bereich des heutigen Domes. Später wurde eine erste Kirche an dieser Stelle gebaut.

Stets waren die Kölner Christen in den folgenden Jahrhunderten bemüht, ihre Bischofskirche, ihren Dom, zu vergrößern und zu verschönern. So wurde zum Beispiel ein Vorhof mit Säulen, ein sogenanntes Atrium, hinzugebaut. Auch eine kleine Kapelle als Grabeskirche für eine Fürstin und ein Kind hat hier gestanden (um 540 nach Christus). In der Mitte des 9. Jahrhunderts entschloss man sich, an dieser Stelle eine ganz neue Kirche zu bauen. Dieser Dom, den wir heute den ›Alten Dom‹ nennen, wurde im Jahre 870 den Patronen Petrus und Maria geweiht. Dann dauerte es weitere 378 Jahre, bis dieser Alte Dom wieder durch einen noch größeren und schöneren, den heutigen Dom, ersetzt werden sollte, dessen Bau, wie du schon weißt, 1248 begonnen wurde.

Als man nach dem Zweiten Weltkrieg begann, die großen Schäden am Dom zu reparieren, wurde auch mit Ausgrabungen zwischen den Pfeilerfundamenten begonnen. Man fand die westliche Mauer des Alten Domes. Unter dem Dom hat man dann weiter gegraben und weitere Reste dieser alten Bauten gefunden, Mauerreste, Treppen, teilwei-

se noch verputze Wände, eine römische Heizungsanlage, Gräber mit kostbaren Beigaben, eine Grube, in der eine Glocke gegossen worden ist, und vieles mehr.
Durch die verschlossene Gittertür vor dir hast du nun einen Blick in die Geschichte der Stadt Köln getan.

Nun gehen wir wieder hinauf und unter der Orgelempore hindurch in die Sakramentskapelle.

[6] Auf dem Schild vor ihrer Tür kannst du lesen: »Eingang nur zum Gebet.« Wenn du in diese Kapelle hineingehst, spürst du plötzlich, wie still es um dich her wird. Ein kleiner Raum in diesem großen Gotteshaus, in dem viele Menschen leise sprechend und schauend umhergehen, lädt zum Gebet ein. Auch du kannst still werden und beten: »Hier wohnst Du also, Gott. So habe ich es gelernt. Aber bist Du nicht größer als alles, was Du geschaffen hast? Kannst Du in einem von Menschen gebauten Haus leben? – Ich beginne zu ahnen: Du bist unendlich mehr als jede unserer Vorstellungen. Dann kannst Du auch hier sein. Hier, wo so viele Menschen mit Dir sprechen. Menschen in Sorgen, mit Angst, und auch frohe Menschen kommen zu Dir. Im Kölner Dom beten sie seit vielen hundert Jahren, und ich darf auch dazugehören, ich spüre, wie ich auch einer von ihnen bin. Ich danke Dir und bitte Dich: Mach Dich bemerkbar in meinem Leben, gib mir Kraft und lass mich Dich nicht vergessen.«

Wenn du diesen Raum der Stille wieder verlässt und nach links blickst, siehst du ein großes goldenes Kreuz. Du weißt aus der Bibel, dass die Menschen Jesus, Gottes Sohn, vor 2 000 Jahren getötet haben. Sie haben ihn ans Kreuz geschlagen. In den folgenden Jahren hat man das nie vergessen und viele Darstellungen des Kreuzestodes gemacht. Das Kreuz vor dir ist schon

sehr alt. Es trägt den Namen Gerokreuz. Ein Kölner Bischof mit Namen Gero hat es vor mehr als 1 000 Jahren aus Eichenholz schnitzen lassen.

Hier ist Christus am Kreuz plastisch dargestellt, das heißt, den Körper (auch Korpus genannt) könnte man anfassen – anders als bei einem Gemälde. Auf der linken Wand siehst du das Kreuz auf einer Fläche, die farbig gestaltet ist. Das Gerokreuz ist deshalb so berühmt, weil es die älteste Christusdarstellung am Kreuz ist, die man in einer solchen Größe geschnitzt hat (der Körper ist 2 m groß).

Du kannst den Chorumgang entlang gehen und in die Kapellen hinein schauen. Achte, während du nun weitergehst, auf den Fußboden. Fühle einmal darüber! Man hat hier viele kleine farbige Steinchen zu Bildern zusammengesetzt. Das nennt man Mosaik!

Früher hat man hier im Chor auch Menschen begraben (beigesetzt), nach Möglichkeit jeweils vor einem Altar in einer Kapelle. Schau dir zwei Beispiele an:

[7] Dieses Grab (2. Kapelle links) ist besonders interessant gestaltet. Der Erzbischof Philipp von Heinsberg fand hier seine letzte Ruhestätte in einer Burg oder Festung mit großen Ecktürmen. Es soll die Kölner Stadtmauer dargestellt werden, deren Bau die Bürger zu dieser Zeit ohne seine Erlaubnis begonnen haben (12. Jahrhundert). Der Bischof war gleichzeitig auch Stadtherr und hätte den Bau der Mauer also genehmigen müssen. Später einigte man sich. Sein Grab wurde wie eine ummauerte Stadt gestaltet. Früher hatten die Bischöfe nicht nur Aufgaben in der Kirche, sondern auch weitgehend in der Politik.

[8] Hier steht das Grab der heiligen Irmgard von Aspel, einer mutigen Frau, die vor 1000 Jahren gelebt hat. Sie erbte von ihren Eltern ein großes Vermögen, unterstützte davon mehrere Klöster und ließ sogar ein Hospital (Krankenhaus) in der Nähe des Kölner Domes bauen. Sie arbeitete für die Kranken, Hilfsbedürftigen und Armen und setzte auch ihr eigenes Geld dafür ein. Nach ihrem Tod hat man sie im Alten Dom begraben. Ihr Grab wurde später in die Agneskapelle des neuen Domes versetzt.

[9] Die Fenster, welche du hier sehen kannst, sind Glasmosaiken. Natürlich wurden sie nicht aus bunten Steinen, sondern mit kleinen, farbigen Glasscheiben gearbeitet, die man dann zu Bildern zusammensetzte. In der Mitte dieser Kapelle siehst du das **Bibelfenster.**

Es konnte schon bald nach dem Baubeginn eingesetzt werden (1260). Du siehst, dass dieses Bibelfenster besonders schön ist, weil es auf jedem Fensterquadrat ein kleines Bild zeigt. Den Hintergrund bilden auf der linken Seite rot-blaue Muster; auf der rechten grüne Zweige.
Die Bilder zeigen rechts Ereignisse aus dem Neuen Testament, links solche aus dem Alten Testament. Du wirst schon gehört haben, dass die Bibel aus zwei großen Teilen besteht, dem Alten und dem Neuen Testament. Im Neuen Testament wird vorwiegend von Jesus und seinem Leben erzählt, im Alten Testament spricht Gott unter anderem zu den Propheten.
Du wirst merken, dass die Ereignisse, die nebeneinander stehen, mit Bedacht ausgewählt wurden, weil sie beide etwas Gemeinsames ausdrücken wollen. Schau einmal auf die rechte Fensterhälfte: In der sechsten Reihe ist die Taufe Jesu im Jordan dargestellt. Diesem Ereignis ist aus dem Alten Testament links die Arche Noah zugeordnet. In beiden Geschichten hat das Wasser eine große Bedeutung. Zwei Bilder darüber findest du links den Propheten Jona. Ein großer Wal ist zu sehen, aus dessen Maul Jona hervorkommt. Daneben ist die Auferstehung Jesu dargestellt. In beiden Geschichten geht es um den Beginn eines neuen Lebens.

Drehst du dich nun herum, so siehst du hier den kostbaren

Dreikönigenschrein.

Sicherlich kennst du aus der Bibel die Geschichte der drei Weisen aus dem Morgenland. Dort steht geschrieben: »Als nun Jesus geboren war, zu Bethlehem in Judäa ..., da kamen Magier aus dem Morgenland ... Siehe, der Stern, den sie im Anfang gesehen hatten, ging vor ihnen her, bis er ankam und stehenblieb über dem Ort, wo das Kind war. Da sie den Stern sahen, hatten sie eine überaus große Freude. Sie gingen in das Haus, sahen das Kind mit Maria, seiner Mutter, fielen nieder und huldigten ihm.« (Mt 2,1–11) Nach dem Tode dieser Weisen aus dem Morgenland hat man ihre Körper (Gebeine) besonders verehrt. Wir können das gut verstehen, wenn wir bedenken, dass diese Menschen Jesus Christus einmal sehr nahe gewesen sind. Die Geburt Christi ist heute mehr als 2 000 Jahre her. Inzwischen hat es viele Kriege und Streitigkeiten unter den Menschen gegeben, und die Gebeine der Heiligen Drei Könige wurden in verschiedenen Städten

aufbewahrt. Als im Jahre 1164 der Kölner Erzbischof Rainald von Dassel Mailand erobert hatte, brachte er sie als Kriegsbeute mit nach Köln. Auf der Rückseite des Schreins kannst du in dem Dreieck den Kopf des Erzbischofs sehen. In Köln hat man damals einen kostbaren Sarg fertigen lassen. Nikolaus von Verdun, ein berühmter Goldschmied, hat ihn zusammen mit seinen Schülern aus Holz, Gold, Silber, Edelsteinen und Emaille gearbeitet.

Schon an der Form erkennst du, dass er sicherlich an drei übereinander gestellte Särge gedacht hat. Die beiden Figurenreihen an den Seiten stellen unten Propheten, oben die Jünger Jesu, die zwölf Apostel, dar: Über die Propheten wird, wie du schon gelesen hast, im Alten Testament geschrieben, Mose und sein Bruder Aaron gehörten dazu, auch die beiden großen Könige David und Salomon (Vater und Sohn).

Es gibt auch in Köln die Tradition der Sternsinger. Vielleicht bist du schon selbst einmal Sternsinger gewesen. Jedes Jahr, zwischen Weihnachten und dem Dreikönigstag, dem 6. Januar, ziehen Kinder durch die Stadt. Sie sind als Könige gekleidet. Mit ihrem Gesang an vielen Haustüren bitten sie um Spenden für Kinder auf unserer Welt, die noch keine Schule besuchen können, medizinische Versorgung brauchen oder schwer arbeiten müssen. Über die Tür schreiben sie den Segen für das neu beginnende Jahr, zum Beispiel für 2007: 20 + C + M + B + 07 Das heißt: **C**hristus **M**ansionem **B**enedicat (Christus segne dieses Haus). Zugleich sind das die Anfangsbuchstaben der Namen der Heiligen Drei Könige (Caspar, Melchior, Balthasar). Bevor sie sich auf ihren Weg durch die Straßen machen, treffen sich viele Sternsinger im Kölner Dom zu einem Aussendungsgottesdienst. Du kannst jetzt weitergehen zum nächsten Standort.

[10] Nun stehst du vor dem berühmten Altar der Stadtpatrone, dem sogenannten Dombild (Seite 26–27). In der Mitte siehst du Maria als Himmelskönigin mit Jesus auf dem Schoß und die Heiligen Drei Könige aus dem Morgenland. Schau sie dir einmal genau an. Was fällt dir auf?

Sie vertreten die Menschen hier in drei Generationen. So siehst du einen alten König (links im roten Gewand), einen König mittleren Alters (rechts im grünen Gewand) und einen jungen König (stehend im Hintergrund). Sie alle stehen nicht im Stall von Bethlehem, sondern vor einem goldenen Hintergrund – er weist in eine andere Welt. Die Pflanzen, die du erkennen kannst, Erdbeere, Schlüsselblume, Lungenkraut und Akelei, haben alle eine besondere Bedeutung. So weisen zum Beispiel Erdbeere und Schlüsselblume auf Maria hin, das Lungenkraut ist eine Heilpflanze. Auf der linken Altarseite siehst du eine junge Frau, die heilige Ursula, und auf der rechten Seite den heiligen Gereon. Beide glaubten an Gott und waren Christen. Sie wurden deshalb von ungläubigen Menschen hier in Köln umgebracht. Später sind sie die Stadtpatrone von Köln geworden.

ALTAR DER STADTPATRONE

Meister Stephan Lochner, ein Maler, der in Köln eine eigene Werkstatt leitete, hat dieses Altarbild gemalt. Er wurde um 1400 am Bodensee geboren und arbeitete ab 1442 in Köln. Er hat kein Namenszeichen auf sein Gemälde gesetzt. Die Ratsherren von Köln haben den Altar in Auftrag gegeben und in der Kölner Ratskapelle aufgestellt. Erst viel später wurde das Bild in den Dom gebracht.

Dieser Altar kann verändert werden. Wenn du ihn aufmerksam betrachtest, wird dir auffallen, dass er aus drei Teilen besteht. Beide Seiten (Altarflügel) können nach innen geklappt werden, so dass Maria, Christus und die Heiligen Drei Könige verdeckt werden. Einen solchen Altar nennt man ›Flügelaltar‹. Während der Vorbereitungszeit auf Weihnachten (Advent) und vor Ostern (Fastenzeit) ist der Altar geschlossen. Die Flügelrückseiten zeigen dann den Engel Gabriel, der zu Maria kommt, um ihr die Frohe Botschaft zu verkünden: Sie soll einen Sohn zur Welt bringen und ihn Jesus nennen. Weihnachten und Ostern werden die Altarflügel aufgeklappt, und die Schönheit des Innenteils ist dann wieder zu sehen.

Im nördlichen Langhaus des Domes steht ein weiterer Flügelaltar, der die vielen Brände in der Stadt überstanden hat, der Klarenaltar. Er ist fast 100 Jahre älter als Lochners Bild und stand in einem Kölner Franziskanerinnenkloster. Hier verschließt sogar ein doppeltes Flügelpaar den Mittelteil mit geschnitzten Figuren. Du findest diesen Altar in der Nähe der Gnadenmadonna.

Immer wieder lohnt beim Weitergehen durch den Dom ein Blick hinauf in die Gewölbe, auf die Fenster und auch auf die Pfeiler.

IVVM.PIORVM.VOTA.RELIGIONI.RESTITVTVM.ESSE.VELLENT.REINER
.LESPE.REGIONIS.COLON.PROPRAEFFECTVS.ETIAC.A.WITTGENSTEIN
IVM.MAGISTER.IDEMQVE.I.EG.HONORARIAE.SODALIS.PROBANTE
RVM.CONCILIO.IN HOC.PRISCAE.METROPOLEOS.TEMPLO.PROPE
MAGORVM.TVMBAM.SOLEMNI.DEDICATIONE.EXPONI.CVRAVERVNT
O.DIE.SERVATORIS.A.MAGIS.ADORATI.FESTO.CIƆ.IƆ.CCC.X

[11] Hier oben an diesem Pfeiler steht eine große Steinfigur. Du wirst kaum glauben, dass dieser Christophorus 3,73 m hoch ist. Meister Tilman hat ihn aus feinem Tuffstein geschlagen. Dann wurde er farbig gefasst. Die Geschichte des Christophorus erzählt von einem Riesen, der die Menschen durch einen Fluss trug. Er wollte den Menschen und Gott dienen. Man erzählt weiter, ein Kind, das er eines Tages trug, sei Jesus gewesen, es sei plötzlich unendlich schwer geworden, so, als habe er die ganze Welt auf seinen Schultern getragen.

In vielen Kirchen findest du Christophorusdarstellungen gegenüber der Eingangstür. Im Mittelalter hoffte man, er könne vor einem plötzlichen Tod bewahren. So warf man seinem Bild beim täglichen Kirchbesuch einen Gruß zu. Auch heute ist der Christophorus manchen Menschen Schutzpatron, zum Beispiel beim Autofahren.

[12] Wenn du aufmerksam diese großen Glasfenster betrachtest, kannst du selbst erkennen, was man darstellen wollte. Ganz rechts auf dem Halbfenster ist Johannes der Täufer zu sehen, daneben auf dem großen Fenster Maria mit Jesus, die Anbetung durch die Hirten und die Heiligen Drei Könige. Schaue dir die Fenster daneben in Ruhe an, und versuche, die Begebenheiten aus der Bibel zu erkennen.

Diese Fenster sind ein Geschenk an den Kölner Dom. Es war der König von Bayern, Ludwig I., der sich im 19. Jahrhundert sehr gefreut hat, dass man den Dom fertig bauen wollte. Mit diesen Fenstern hat er seiner Freude Ausdruck verliehen. Natürlich hättest du das auch selbst herausgefunden, denn auf jedes Bild hat der König sein Wappen und die Jahreszahlen (1848) malen lassen. In München wurden die Scheiben gemalt und gebrannt und dann nach Köln geschickt. Wie könnten diese Fenster anders heißen als Bayernfenster!

Drehst du dich zur Seite und schaust an der Turmseite hinauf, so leuchtet dir hier das Zifferblatt der Domuhr golden entgegen. Der zugehörige Uhrenkasten steht auf dem Turmboden und ist ungefähr 130 Jahre alt. Die Uhr muss von Hand aufgezogen werden.

[13] Nun verlassen wir den Dom und schauen von außen auf die großen Türme, auf die Westfassade. Diese Türme sind 157,31 m und 157,38 m (Nordturm) hoch; den Südturm kann man besteigen.

Wenn du hinauf gehen möchtest, musst du über 500 Stufen steigen. Unterwegs kannst du einen Blick in die Glockenstube werfen. Dort siehst du die sehr große **Petersglocke,** *in Köln liebevoll als »d'r decke Pitter« bezeichnet.*
Auch die anderen Glocken haben Namen bekommen, so gibt es eine »Pretiosa« (die »Kostbare«, 10 500 kg), eine »Speciosa« (die »Schöne«, 5 600 kg) und natürlich eine Dreikönigenglocke. Bis 1909 mussten die Glocken noch mit der Hand geläutet werden. Zwölf Männer mussten sich anstrengen, damit die Pretiosa auch nur einen einzigen Ton von sich gab.
Die Treppe endet auf einer **Aussichtsplattform,** *von wo aus du bei schönem Wetter einen herrlichen Blick über Köln und die weitere Umgebung hast. Es lohnt sich!*

Wir schauen jetzt von hier unten hinauf auf die Turmspitzen. Sie werden von sogenannten Kreuzblumen bekrönt. Sie bestehen natürlich auch aus Stein und sehen aus der Ferne sehr klein aus. Eine Nachbildung dieser Kreuzblume ist in Originalgröße gefertigt und vor dem Dom aufgestellt worden. Du brauchst dich nur herumzudrehen, dann kannst du sie dort stehen sehen!

[14] Schau dir jetzt auf der Domsüdseite die Bronzetüren einmal genau an. Es wird dir auffallen, dass sie modern wirken. Der Bildhauer und Künstler Ewald Mataré hat diese Türen geschaffen. Die linke Tür zeigt oben rechts den Kölner Dom und die Stadt während des Krieges in Flammen. Viele tausend Menschen kamen in dieser Zeit hier zu Tode. Die linke der beiden Haupttüren in der Mitte hat der Künstler dem Kölner Erzbischof Kardinal Frings gewidmet. Oben siehst du, aus bunten Steinchen gefügt, dessen Wappen und den Kardinalshut. Kardinal Frings war, genau wie Papst Pius XII., dem die rechte Portalhälfte gewidmet ist, während des Zweiten Weltkrieges im Amt. Die Papsttür zeigt die sogenannte Tiara, eine dreifache Krone, die der Papst in früheren Zeiten getragen hat.

Vor mehr als sechzig Jahren war der Zweite Weltkrieg zu Ende. Nur auf Bildern kannst du noch sehen, wie sehr die Stadt Köln von den Bomben zerstört war. Auch der Dom hat schwer darunter gelitten. Bis heute ist nun fast wieder alles aufgebaut und ausgebessert worden. Viele Steinmetzen und Künstler haben hier gearbeitet, wie zur Zeit des Dombaus. Du kannst sicher gut verstehen, dass diese Künstler nicht nur die alten Teile nachfertigten, sondern auch ihr Können und ihre Ideen in neugestalteten Formen zum Ausdruck bringen wollten. Dabei muss man natürlich beachten, dass das Neue zum Alten passt und sich gut einfügt. Ein Beispiel dafür sind diese Domtüren.

[15] Hier kannst du einen Blick in den Hof und die Werkstätten der Dombauhütte werfen. Auch heute muss noch ständig gearbeitet werden. Die Steine, aus denen der Dom gebaut ist, kommen aus verschiedenen Steinbrüchen, es sind Kalksteine, Tuffe und Lavasteine, Sandsteine und Trachyt. Die Entstehung dieser Steine im Inneren der Erde hat viele Millionen Jahre gedauert. Jetzt, nachdem sie an die Luft gebracht wurden, leiden sie sehr. Die Luft ist mal warm, mal kalt, feucht und wieder trocken. Diese Veränderungen und die Schadstoffe in der Luft zerstören die Steine. Man versucht, ihre Oberfläche zu schützen, doch leider werden die Steine oft mürbe. Dann müssen sie gegen Ersatzsteine ausgetauscht werden.

Du kannst in die Werkstätten hineinschauen, hier werden Ersatzsteine gefertigt und auch alte Glasfenster auseinander genommen, gereinigt und geschützt. Viel Zeit verbringen die Mitarbeiter der Dombauhütte auch im Dom, zum Beispiel in den großen Räumen über den Gewölben, dem sogenannten Hohen Dach. Du kannst sie auf Gerüsten beobachten, wenn sie die Steine austauschen. An manchen Stellen muss die schwarz gewordene Oberfläche der Steine gereinigt werden. So gibt es auch heute noch Steinmetzen, Dachdecker, Glasmaler und andere Bauhandwerker, die täglich an diesem Dom arbeiten, damit er erhalten bleibt.

Viel Zeit hast du dir genommen, um den Dom kennenzulernen. Einige Einzelheiten hast du dir angeschaut und den begleitenden Text dazu gelesen. Vielleicht hast du dich gefragt, warum man den Dom überhaupt gebaut hat. Als Kirche – wirst du sagen, und das ist auch richtig. Man brauchte einen neuen, sehr großen Raum, um den Gottesdienst feiern zu können. Doch gab es noch einen wichtigen Grund: Du hast schon erfahren, dass 1164 die Gebeine der Heiligen Drei Könige nach Köln gebracht wurden. Für diese hat man dann den goldenen Schrein gefertigt. Man wollte aber noch mehr tun, zumal jetzt plötzlich viele Menschen nach Köln reisten (Pilger), um die Heiligen Drei Könige zu verehren und hier zu beten. So begann man den Bau des Domes als Grabeskirche für die Heiligen Drei Könige und als Pilgerkirche für die vielen betenden Menschen.

Schatzkammer

[16] Zum Kölner Dom gehört auch ein Domschatz, der schon sehr alt ist und im Laufe der Zeit durch viele Geschenke, sogenannte Schenkungen, immer größer wurde. Als der Dom gebaut wurde, hatte der Aufbewahrungsort des Domschatzes einen lateinischen Namen: »aurea camera«, das bedeutet übersetzt »goldene Kammer«. Heute wird dieser Schatz in einem kleinen Museum neben dem Dom aufbewahrt. Wenn diese Domschatzkammer geöffnet ist, kannst du dir die Schätze anschauen. Besuchen wir also die »goldene Kammer«!

Geh links an den Domtürmen vorbei, dann findest du, dem Bahnhof gegenüber, den Eingang mit einer goldenen Tafel und der Schrift Schatzkammer. Gleich hinter der Kasse links kannst du in die sogenannte Heiltumskammer (Raum 2) gehen.

Wenn du durch die schwere Tür hinein gekommen bist, umgibt dich ein goldener Glanz, und der Blick zum Himmel und den Domspitzen ist offen. Du siehst in der zweiten Vitrine an der linken Wand einen Stab mit einer Kugel. Er ist ein fast 1 600 Jahre alter Holzstock, der Petrusstab genannt wird.
Es gibt eine Legende, die erzählt, er habe einmal Petrus, einem der zwölf Apostel, gehört. So alt ist er wohl noch nicht, aber lass dir folgende Geschichte dazu erzählen: In Rom schickte Petrus eines Tages Maternus mit zwei Freunden nach Norden, wo sie Bischöfe an verschiedenen Orten werden sollten. Unterwegs starb Maternus. Die Freunde waren traurig und wanderten nach Rom zurück. Petrus hatte eine Idee: Er gab ihnen seinen Stab und sagte »Lauft zurück und berührt Maternus mit diesem Stab, er wird dann wieder lebendig!« Und? So ist es wohl gewesen!

Maternus war tatsächlich Bischof in Köln, allerdings erst 300 Jahre nachdem Petrus gelebt hat. Sie haben sich also nicht gekannt. Warum wird dann diese Geschichte erzählt? Das Besondere daran ist, dass sie uns erklärt, wie sehr sich die Kölner Bischöfe mit Petrus verbunden gefühlt haben. Verständlich, dass sie diesen Stab mit seiner geheimnisvollen Geschichte besonders hoch in Ehren gehalten haben.

Du findest in diesem Raum noch viele andere Dinge – zum Beispiel kleine Knochen (Reliquien), die man in kostbare Tücher gewickelt hat und in besonderen Schmuckgefäßen aufbewahrt. Es sind auch goldene Gefäße zu sehen mit dem lateinischen Namen Monstranz (Schau- und Zeigegefäße), in denen Kettenglieder (neben dem Petrusstab), Holzstücke (in den Vitrinen dem Eingang gegenüber) oder Stoffstücke gezeigt werden.

Geh jetzt zurück ins Treppenhaus und die lange Treppe hinunter. Wenn du durch die erste Tür kommst, befindest du dich in der eigentlichen Schatzkammer (Raum 3). Du erkennst an der Decke und den Säulen, dass der Raum ein mittelalterlicher Gewölbekeller ist, in den man eine Zwischendecke eingezogen hat.

Hier sind Dinge zu sehen, die man zur festlichen Gestaltung von Gottesdiensten und Prozessionen genutzt hat. Du gehst auf eine Vitrine zu, in der ein Bischofsstab und ein Schwert gezeigt werden. Diese sind Zeichen für die geistliche Macht und die politische Bedeutung, die mit dem Amt des Kölner Erzbischofs über viele Jahrhunderte verbunden waren. Der Erzbischof war sogar oft in Aachen an der Krönung und Salbung der Könige beteiligt.

Schau dir zwei Schnitzereien aus Elfenbein an. Eine kleine Dose steht in der Vitrine hinter der Eingangstür rechts. Diese **Elfenbeindose** zeigt drei Menschen hinter einer Mauer. Auf der anderen Seite der Dose ist Christus am Kreuz dargestellt. Dienten die Löcher vielleicht einmal der Befestigung eines Deckels? Es ist nicht bekannt, was man in diese kleine Büchse hineingelegt hat.

In einer Vitrine schräg gegenüber am anderen Ende des Raumes siehst du viele aus Elfenbein geschnitzte Tafeln. Suche die **Elfenbeintafel,** die Jesus mit seinen Jüngern in einem Kircheninnenraum zeigt. Sie sitzen an einem kleinen, runden Tisch, auf dem ein Kelch steht. Es ist die Darstellung des Abendmahls, das Jesus mit seinen Jüngern vor seinem Tod gefeiert hat. Schau, wie fein diese Figuren, ihre Gesichter und auch die Mauern der Kirche geschnitzt wurden.

Neben der Ausgangstür in der linken Vitrine findest du Gegenstände, die der Priester zur Feier des Abendmahls benutzt: die **Kännchen** für Wein und Wasser, einen **Kelch,** eine Schale für kleine Brote (Hostien) und ein Glöckchen. Feiern Christen das Abendmahl, werden Wein und Brot gesegnet und miteinander geteilt. Jedesmal wenn das im Gottesdienst geschieht, ist Jesus Christus unmittelbar bei den Menschen.

Verlasse jetzt den großen Raum und gehe nach rechts und an der Treppe vorbei. Du bleibst auf dieser Ebene und kommst in zwei weitere, hintereinander liegende Räume, den Dreikönigenraum und die Bibliothek (Raum 4 und 5).

Im ersten Raum steht ein großer Kasten aus Eichenholz. Er hat die Form des Dreikönigenschreins, den du im Dom schon gesehen hast. Als der Schrein vor vielen Jahren restauriert wurde, hat man einen neuen Holzkasten gefertigt. Alle Schmuckplatten, Säulen und Figuren wurden dann vom alten auf den neuen Kasten versetzt. Nun war der alte Holzkasten des Dreikönigenschreins übrig. Er zeigt noch die vielen kleinen Löcher der Nägel, mit denen die Gold- und Silberschmiedearbeiten befestigt waren. Wirf noch einen Blick auf die über 1000 Jahre alten Stoffstücke, die aus dem Schrein herausgenommen und hier ausgelegt worden sind.

Im Nebenraum liegen alte Handschriften. Bedenke, wenn du auf einen solchen Buchschatz schaust, dass man damals weder drucken noch kopieren konnte. Alle Bücher sind mit Feder und Tinte abgeschrieben worden. Selbstverständlich, dass nicht jeder sein eigenes Buch zuhause hatte! Die Texte sind teilweise in lateinischer Sprache geschrieben und beinhalten Lieder, Gebete und natürlich Bibeltexte.

Geh jetzt zurück ins Treppenhaus und die lange Treppe hinunter. Du kommst zunächst in das Lapidarium (Raum 6). In diesem Namen verbirgt sich der lateinische Begriff »lapis«, das heißt »Stein«.

Hier stehen aus Stein geschlagene Figuren, zum Beispiel Petrus, Johannes, Andreas und Paulus, die früher am Domeingang draußen standen. Schau dir die Steinoberflächen an, sie lösen sich schichtweise ab. An manchen Figuren fehlen schon die Hände. Dem kleinen **Engel** auf dem Sockel fehlt ein Stück seiner Glocke. Damit die Figuren wenigstens in diesem Zustand erhalten bleiben, dürfen sie nicht mehr draußen stehen.

In den beiden Vitrinen gegenüber sind **Grabbeigaben** ausgelegt, die unter dem Dom gefunden wurden. Eine Frau und ein Junge, der erst 6 Jahre alt war, sind dort begraben worden. Wir kennen weder den Namen des Kindes noch seine Eltern. Man hat ihm viele Dinge, einen kleinen Helm, ein Schild, ein Schwert, aber auch einen Holzbecher und eine Feldflasche mit ins Grab gegeben.

Gehe unter dem gemauerten Bogen hindurch in den letzten Raum, den **Paramentenraum** (Raum 7).

Mit dem lateinischen Begriff Paramente bezeichnet man die Kleidung oder die Tücher, die zur Feier der Gottesdienste gebraucht werden. So siehst du hier große Mäntel, Fahnen und sogar einen besonders geschmückten Stoffschirm. Diesen hat man bei Prozessionen mitgenommen.

Es gibt einen grünen Chormantel aus sehr feinem Seidengewebe, das viele Tiere zeigt. Dieser Mantel ist in einem großen Halbkreis aufgehangen. In seiner Nähe wirst du ein **Kelchtuch** finden. Mit bunten Fäden sind dunkelhaarige Engel mit ausdrucksvollen Gesichtern darauf gestickt.

Bevor du die Treppen wieder hinauf gehst, suche dir hier unten den Aufzug. Wenn du eingestiegen bist, kannst du deinen Schatzkammerbesuch mit einer »Fahrt in den Himmel« abschließen!

Jetzt ist unser Rundgang durch den Dom und die Schatzkammer beendet, und ich wünsche mir, dass ihr euch schon wohl fühlt in dieser großen Kirche. Es wäre schön, wenn ihr noch oft die Gelegenheit sucht, den Dom zu besuchen. Vielleicht bringt ihr auch einmal eure Eltern, Geschwister und Freunde mit oder schlagt einen Dombesuch für einen Ausflug in der Schule oder in eurem Freundeskreis vor.

Im Kölner Dom sind die Heiligen

Eine Glocke heißt

Ein Bild aus kleinen farbigen Steinen nennt man

Stadtpatronin von Köln ist die heilige

Ein kostbarer Sarg ist ein

Viele Arbeiten für den Dom werden in der

Die großen Türme stehen im

Die Reliquien werden in der

Kennst du das lateinische Wort für Stein?

Die Engel auf dem Altar der Stadtpatrone tragen

Einmalig und besonders im Kölner Dom:

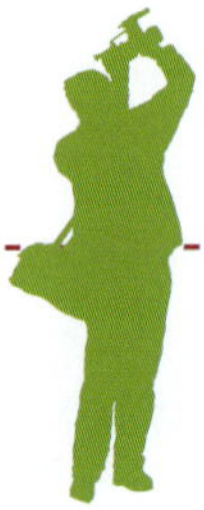

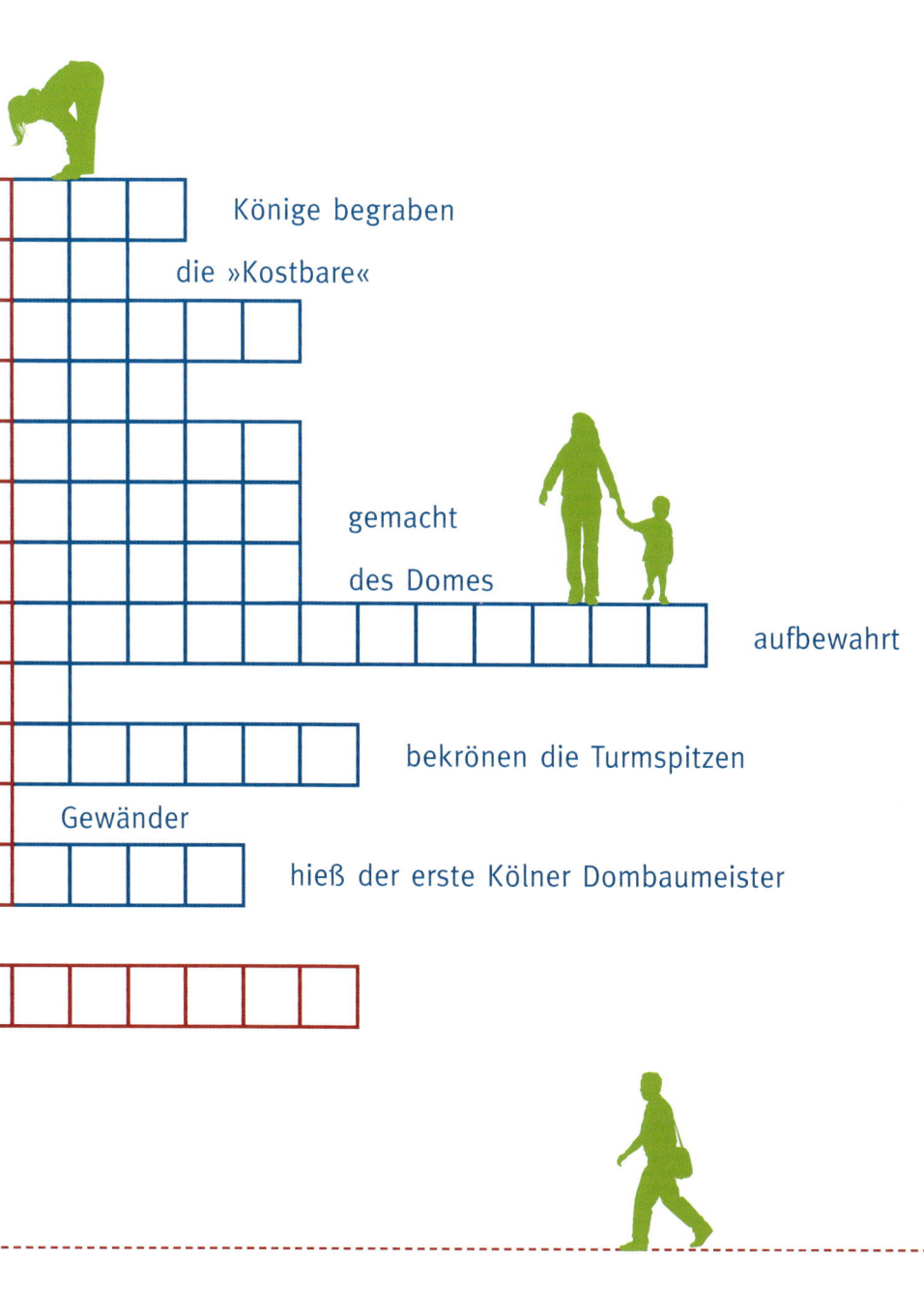

Könige begraben

die »Kostbare«

gemacht

des Domes

aufbewahrt

bekrönen die Turmspitzen

Gewänder

hieß der erste Kölner Dombaumeister

BILDNACHWEIS

Robert Boecker, Köln
S. 20 rechts.

Dombauarchiv Köln
S. 9, 13, 18–19, 33 rechts,
Umschlag hinten: Außenklappe.

Dombauarchiv Köln,
M. Bräker
S. 16 oben.

Dombauarchiv Köln,
W. Kralisch
S. 10 links, 40–41.

Dombauarchiv Köln,
Matz und Schenk
Umschlag vorne:
Innenseite, S. 5, 10 rechts,
14–15, 16 unten, 17, 20 links,
22–32, 33 links, 35–39,
43–45.

Dombauarchiv Köln,
M. Steinmann
S. 34.

Dombauarchiv Köln,
T. Weber
S. 6.

Dombauarchiv Köln,
A. Wolff
Umschlag (Domgrafik).

Domgrabung Köln,
U. Back
S. 7 (Zeichnerische
Bearbeitung: Ingenieurbüro
Fitzek/Pancini),
S. 2 und Umschlag hinten:
Innenklappe (Illustration:
A. Windscheid).

IMPRESSUM

Die Deutsche Bibliothek
verzeichnet diese Publikation
in der Deutschen National-
bibliographie, detaillierte
bibliographische Daten sind
im Internet unter
http://dnb.ddb.de abrufbar.

TEXT
Martina Langel
info@m-langel.de

REDAKTION
Birgit Lambert, Tina Weber

GESTALTUNG
Lambert und Lambert, Düsseldorf

LITHOGRAPHIE
Fröbus GmbH, Köln

DRUCK
Cede-Druck, Köln

© 2007 Verlag Kölner Dom
Roncalliplatz 2, 50667 Köln
info@verlag-koelner-dom.de
www.verlag-koelner-dom.de

4. überarbeitete und
erweiterte Auflage 2007
Printed in Germany
ISBN 978-3-922442-62-2